DESCUBRAMOS
PAÍSES DEL MUNDO

Descubramos
ESPAÑA

Jillian Powell

GARETH**STEVENS**
GS
PUBLISHING
A Member of the WRC Media Family of Companies

Please visit our web site at: www.garethstevens.com
For a free color catalog describing Gareth Stevens Publishing's list
of high-quality books and multimedia programs, call 1-800-542-2595 (USA)
or 1-800-387-3178 (Canada). Gareth Stevens Publishing's fax: (414) 332-3567.

Library of Congress Cataloging-in-Publication Data available upon request from publisher.
Fax (414) 336-0157 for the attention of the Publishing Records Department.

ISBN-13: 978-0-8368-7952-0 (lib.bdg.)
ISBN-13: 978-0-8368-7959-9 (softcover)

This North American edition first published in 2007 by
Gareth Stevens Publishing
A Member of the WRC Media Family of Companies
330 West Olive Street, Suite 100
Milwaukee, Wisconsin 53212 USA

This U.S. edition copyright © 2007 by Gareth Stevens, Inc.
Original edition copyright © 2006 by Franklin Watts.
First published in Great Britain in 2006 by Franklin Watts,
338 Euston Road, London NW1 3BH, United Kingdom.

Series editor: Sarah Peutrill
Art director: Jonathan Hair
Design: Storeybooks Ltd.

Gareth Stevens editor: Dorothy L. Gibbs
Gareth Stevens art direction: Tammy West
Gareth Stevens graphic designer: Charlie Dahl

Spanish edition produced by A+ Media, Inc.
Editorial director: Julio Abreu
Chief translator: Adriana Rosado-Bonewitz
Associate editors: Janina Morgan, Carolyn Schildgen
Graphic design: Faith Weeks

Photo credits: (t=top, b=bottom, l=left, r=right, c=center)
Jose Aitzelai/AGE: 25b. Paco Ayala/AGE: 12, 22. Bernd Ducke/A1 Pix: front cover, 7, 9, 14, 26b.
Macduff Everton/Image Works/Topfoto: 21tl. Eye Ubiquitous/Hutchison: 4, 19. Paco Gómez García/AGE: 13.
Gunter Gräfenhain/A1 Pix: 18. HAGA/A1 Pix: 10tr, 24. Kneer/A1 Pix: 1, 11. Koserowsky/A1 Pix: 15b. Javier
Larrea/AGE: 15t, 17b. Petra Loewen/A1 Pix: 21cr. Alberto Paredes/AGE: 17t, 23. Prosport/Topfoto: 25t.
Jordi Puig/AGE: 10cl. José Fuste Raga/zefa/Corbis: 27. David Samuel Robbins/Corbis: 20. P. Siegenthaler/
A1 Pix: 6, 8, 16. Superstock: 26t.

Every effort has been made to trace the copyright holders for the photos used in this book. The publisher apologizes,
in advance, for any unintentional omissions and would be pleased to insert the appropriate acknowledgements in any
subsequent edition of this publication.

Printed in Canada

1 2 3 4 5 6 7 8 9 10 10 09 08 07 06

Contenido

Las palabras definidas en el glosario están impresas en **negritas** la primera vez que aparecen en el texto.

¿Dónde está España?

España está al suroeste de Europa. Es uno de los dos países de la **Península** Ibérica, que forma la punta suroeste de Europa.

FRANCIA
EUROPA
ESPAÑA
PORTUGAL
ÁFRICA

España es el segundo país más grande después de Francia en Europa occidental. Comparte la Península Ibérica con Portugal, que es un país más pequeño.

Madrid, la capital de España, se encuentra casi en el centro del país. También es la ciudad más grande de España y ha sido el centro del gobierno desde el siglo XVI. Madrid es una ciudad hermosa con grandes plazas, edificios históricos y una galería de arte de fama mundial llamada el Museo Del Prado.

Madrid tiene muchas plazas. Esta plaza está en el centro de la ciudad.

Mapa

En este mapa se muestran todos los lugares mencionados en este libro.

Los lugares del mapa:

OCÉANO ATLÁNTICO
Golfo de Vizcaya
Altamira
Bilbao
PAÍS VASCO
FRANCIA
Cordillera Cantábrica
ESPAÑA
Montes Pirineos
CATALUÑA
Barcelona
Segovia
Ávila
MADRID
MESETA CENTRAL
Valencia
Menorca
Mallorca
Ibiza
Islas Baleares
PORTUGAL
Córdoba
Jaén
Sevilla
ANDALUCÍA
Sierra Nevada
MAR MEDITERRÁNEO
OCÉANO ATLÁNTICO
COSTA DEL SOL
GIBRALTAR (Reino Unido)
ARGELIA
Tenerife
Gran Canaria
islas Canarias
MARRUECOS

España comparte fronteras con Francia y Portugal y su litoral abarca tres extensiones de agua: el Golfo de Vizcaya, el Océano Atlántico y el Mar Mediterráneo. Las Islas Baleares, en el Mediterráneo, y las Islas Canarias, en el Atlántico, frente a la costa oeste de África, son parte de España.

¿Lo sabías?

Madrid tiene la mayor **altitud** de todas las capitales de Europa.

El paisaje

La mayor parte del paisaje de España es una altiplanicie seca llamada **Meseta**. La Meseta cubre la mitad del país. Existen áreas de cultivo planas al norte y al sur de la altiplanicie. Las tierras de cultivo son secas pero **fértiles**. Las planicies frente a la costa del Mediterráneo también son fértiles. Algunas áreas al sur de España son cálidas y secas como desiertos.

Meseta significa pequeña "mesa". La tierra de la Meseta es plana, como una mesa.

Las montañas de la Sierra Nevada se ven a la distancia detrás de la ciudad de Jaén, en la región sureña de Andalucía.

España también tiene altas cadenas montañosas. Los Pirineos y la Cordillera Cantábrica están en el norte. La Sierra Nevada está en el sur.

Clima y estaciones

En la alta Meseta, el tiempo puede ser muy cálido y seco durante el verano y helado en el invierno.

Al sur de la Meseta, a lo largo del Mar Mediterráneo, y en las islas Baleares, el tiempo es cálido y soleado en el verano y templado en el invierno.

¿Lo sabías?

Partes de España tienen sol ¡trescientos días al año!

Los veranos soleados y los inviernos templados de la Costa del Sol de España la hacen muy atractiva para los turistas durante todo el año.

El esquí y otros deportes de nieve invitan a los turistas a la Sierra Nevada.

La parte norte de España y las áreas montañosas tienen más lluvia y temperaturas más frescas que otras partes del país. Durante el invierno, las montañas de los Pirineos y la Sierra Nevada tienen mucha nieve.

¿Lo sabías?

En las islas Canarias, hay picos con nieve cerca de cálidas playas soleadas.

La gente de España

Los españoles están orgullosos de su **cultura**. Han mantenido **tradiciones** culturales como la corrida de toros y el baile **flamenco** durante cientos de años.

Los bailarines españoles de Valencia se visten con los **trajes típicos** de la región para celebrar el festival de San José.

Esta mujer enciende una vela en una catedral católica romana en Barcelona.

La mayoría de los españoles son católicos romanos, pero España también tiene algunos protestantes, judíos y musulmanes. La religión es una parte importante en la vida de España. Muchas de las **fiestas** españolas son eventos religiosos.

¿Lo sabías?

Las cuevas de Altamira, en el norte de España, tienen pinturas hechas hace más de 14,000 años.

A la gente de Mallorca, una de las islas Baleares, le gusta salir a comprar alimentos frescos de la localidad en los mercados de la calle.

España se divide en 17 regiones. La gente de cada región tiene sus propias tradiciones, trajes típicos y forma de cocinar. Algunas regiones como Cataluña y el País Vasco, también tienen sus propias banderas e idiomas.

Escuela y familia

La mayoría de los niños españoles comienzan la escuela a los dos o tres años de edad y no terminan hasta que tengan por lo menos los 16 años.

Como muchos otros niños del mundo, los españoles hacen sus tareas en las bibliotecas escolares.

El día escolar normalmente comienza a las 8:30 o 9:00 a.m. y termina a las 5:00 p.m. Los estudiantes tienen un descanso para almorzar al mediodía, a la hora más cálida del día.

Después de la escuela, los niños españoles practican algún deporte o ven televisión.

¿Lo sabías?

Los niños españoles normalmente tienen dos apellidos, uno del padre y otro de la madre.

Cuando no están en la escuela, los niños españoles disfrutan de los juegos en equipo. Estos niños juegan fútbol en las calles de Ávila.

La mayoría de las familias españolas son bien unidas, y es importante para ellos que estén juntos. Los parientes, hasta en las familias muy grandes, se reúnen a menudo. Los niños en general van con los adultos cuando salen a comer, aunque sea tarde por la noche. En España, por la noche se acostumbra caminar, mirar escaparates y reunirse con amigos.

Vida rural

Menos de un cuarto de la población de España vive en áreas rurales. A través de los años los jóvenes se han mudado del campo a las ciudades y pueblos en busca de trabajo.

La mayoría de la gente que todavía vive en el campo de España cultiva sus tierras y cría animales. El ganado vacuno se cría principalmente en el norte, mientras que en el sur y en las islas Baleares se crían ovejas y cabras.

En la parte central de España mucha gente cría ovejas aunque no tengan tierras.

El trigo, la cebada y los girasoles son los principales cultivos de España. En el sur caluroso y seco los granjeros también cultivan almendras, aceitunas, naranjas y limones.

El tiempo cálido y seco de España ayuda a los cultivos de trigo a madurar.

¿Lo sabías?

España tiene una de las poblaciones menos densas de los países de Europa.

Los almendros rodean esta granja de la isla de Mallorca.

Vida urbana

La mayoría de la gente de España vive en ciudades o pueblos o cerca de ellos. Muchos viven en los **suburbios** y viajan a las ciudades todos los días para ir a trabajar. Las ciudades más grandes de España son la capital, Madrid, y Barcelona, que está en la región de Cataluña.

Madrid, la capital de España, es una ciudad histórica, pero también es moderna y animada con amplias avenidas y mucho tránsito.

La mayoría de las ciudades españolas están construidas en torno a una plaza mayor. Esta enorme catedral se encuentra en una esquina de la Plaza Mayor de Segovia.

Las ciudades son los lugares más ricos y activos de España. Muchos turistas visitan las ciudades del **interior**, como Madrid y Sevilla, así como las ciudades costeras y los **centros vacacionales** de las islas.

¿Lo sabías?

Las plazas de las ciudades españolas pueden ser redondas, ovaladas, rectangulares o cuadradas.

El transporte público en las ciudades españolas incluye autobuses, trenes y **tranvías** eléctricos, como éste de la ciudad de Bilbao.

Casas españolas

En el sur de España, muchas casas se construyen con barro y piedra. Para mantenerlas frescas, tienen paredes encaladas y ventanas pequeñas con persianas que pueden cerrarse para mantener fuera el calor. Dentro de las casas a menudo tienen mosaicos sobre paredes y pisos, lo que ayuda a mantenerlas frescas.

Las paredes encaladas son comunes en las casas de Córdoba, una ciudad de la región sur de Andalucía. En las ciudades, las casas antiguas como éstas están en calles estrechas.

Varios de estos edificios de apartamentos de Sevilla tienen balcones con paredes de vidrio.

La mayoría de la gente de las ciudades y pueblos de España vive en edificios de apartamentos, justo en la ciudad o en los suburbios. Algunos apartamentos tienen tiendas en la planta baja.

¿Lo sabías?

En el sur de España algunas personas viven en cuevas construidas en las laderas rocosas.

Comida española

Muchas regiones de España tienen sus propias comidas y estilos de cocinar. Muchos platos del norte se hacen con frijoles. Los platos populares del este a menudo incluyen arroz.

Las ciudades y pueblos de España tienen muchos mercados donde la gente compra pescado, carne, frutas y verduras, todo muy fresco. En España también hay supermercados, tiendas de abarrotes y pequeños comercios como las panaderías.

Los mercados españoles ofrecen muchas opciones de alimentos frescos. En muchos de ellos también se vende ropa y artículos del hogar.

Muchos restaurantes y cafés españoles tienen mesas afuera.

La paella es uno de los platos favoritos de España. Contiene arroz, mariscos, carne de cerdo y pollo, pimientos y aceitunas.

La comida es una parte importante de la vida familiar en España. Los españoles disfrutan de sentarse juntos para comer al mediodía o salir en las noches a los restaurantes o cafés, en muchos de los cuales sirven tapas, que son platos pequeños de porciones de comida como salchichas, pescado y papas.

¿Lo sabías?

La palabra paella significa "sartén". La gente normalmente cocina y comparte este plato popular en una sartén grande.

21

El trabajo

Los españoles trabajan en tiendas, oficinas, hoteles, bancos, escuelas y fábricas.

En Madrid hay muchas oficinas y bancos. Barcelona y el País Vasco son importantes centros industriales. Las fábricas españolas producen autos, herramientas, plásticos y **textiles**. También hay fábricas que procesan químicos o elaboran alimentos o vinos.

Mucha de la gente de las ciudades de España trabaja en oficinas.

En las ciudades y pueblos costeros mucha gente trabaja en la industria del turismo. En las áreas de la costa, también son comunes los trabajos agrícolas y de pesca.

El turismo brinda empleos en hoteles, restaurantes y cafés. Este mesero sirve unas tapas.

Más de cincuenta millones de turistas visitan España al año. Los turistas compran artesanías españolas como alfarería, artículos de piel, joyería y alfombras.

La diversión

A los españoles les gustan las fiestas. Algunas son días especiales religiosos. Otros días festivos honran a santos católicos romanos o marcan eventos de la temporada como las cosechas o alimentos de la localidad.

En la Feria de abril en Sevilla, se presentan bailarines de flamenco. Esta fiesta anual atrae a visitantes de todo el mundo.

¿Lo sabías?

En la región de Valencia hay una fiesta todos los años en la que arrojan tomates a finales de agosto.

Los españoles celebran las fiestas con música, baile y comida y en muchas también se incluyen desfiles alegres por las calles y fuegos artificiales.

24

España es una nación de aficionados al fútbol. La gente acude a los partidos para animar a sus famosos equipos, como el Real Madrid.

Los deportes más practicados en España son fútbol, tenis, golf y ciclismo. Existen algunos deportes tradicionales que se han jugado en España durante cientos de años. Incluyen la *pelota*, que es un deporte que se juega en un frontón y la corrida de toros.

Millones de personas juegan las **loterías** españolas. La más famosa es El Gordo, que se refiere al tamaño del premio.

España: datos

- España es una **monarquía**. El rey es el **jefe de estado** y el primer ministro dirige el gobierno.

- El país está dividido en 17 regiones. Cada región tiene su propio gobierno.

- España es miembro de la Unión Europea.

El euro (izquierdo) reemplazó a la antigua moneda española, la peseta (derecha), en 2002.

La bandera española tiene una franja ancha amarilla entre dos franjas rojas estrechas. Sobre la franja amarilla se muestra el **escudo de armas** de la unión de cuatro antiguos reinos.

Barcelona es la segunda ciudad más grande de España. Ahí viven cerca de 1.5 millones de personas.

- Hoy en día, más de 44 millones de personas viven en España y más de tres millones en Madrid, la capital.

¿Lo sabías?

En España hay más de 10 mil castillos.

Glosario

altitud – distancia o altura sobre el nivel del mar

centros vacacionales – lugares, normalmente cerca de lagos o mares, que brindan alimentación, hospedaje y entretenimiento para sus visitantes que buscan relajarse o pasar sus vacaciones

cultura – forma de vivir, creencias y arte de una nación, grupo o sociedad

escudo de armas – símbolo especial que identifica a una familia o país en particular

fértiles – tierras ricas que son buenas para cultivar

fiestas – festivales y celebraciones

flamenco – alegre música típica de España; la guitarra es el instrumento principal y a menudo incluye bailes de rápidos zapateados

interior – describe las áreas de un país alejadas de las costas y grandes extensiones de agua

jefe de estado – representante principal de un país

loterías – juegos de azar en los que la gente compra boletos y espera que su nombre o números salgan premiados para obtener cosas valiosas o grandes cantidades de dinero

Meseta – terreno plano, seco y alto, casi sin árboles que cubre la mayor parte de España

monarquía – país o gobierno regido por reyes

península – franja de tierra rodeada por agua en tres de sus lados

suburbios – áreas fuera de las grandes ciudades, compuestas principalmente por construcciones donde la gente vive pero no trabaja

textiles – materiales hechos de hilo, telas, o tejidos

tradiciones – formas de vivir y creencias de ciertas personas que se han pasado de una generación a otra

trajes típicos – manera especial de vestir que se transmite de una generación a otra en un país en particular

tranvías – vehículos parecidos a autobuses o trenes que van sobre rieles

Para más información

Castles of the World: Spain
www.castles.org/castles/Europe/Western_Europe/Spain/

Children in Spain
scroggs.chccs.k12.nc.us/~abernad-calhoun/tesoro.htm

DSO Kids: Spanish Culture, Spain
www.dsokids.com/2001/dso.asp?PageID=298

Time for Kids: Spain
www.timeforkids.com/TFK/hh/goplaces/main/
    0,20344,1534234,00.html

Nota del editor para educadores y padres: Nuestros editores han revisado cuidadosamente estos sitios Web para asegurarse de que son apropiados para niños. Sin embargo, muchos sitios Web cambian con frecuencia, y no podemos asegurar que el contenido futuro del sitio seguirá satisfaciendo nuestros estándares altos de calidad y valor educativo. Se le advierte que se debe supervisar estrechamente a los niños siempre que tengan acceso al Internet.

Mi mapa de España

Fotocopia o calca el mapa de la página 31. Después, escribe los nombres de los países, extensiones de agua, regiones, islas y grupos de islas, ciudades y zonas terrestres y montañas que se listan a continuación. (Mira el mapa de la página 5 si necesitas ayuda.)

Después de escribir los nombres de todos los lugares, ¡colorea el mapa con crayones!

Países
España
Francia
Portugal

Extensiones de agua
Golfo de Vizcaya
Mar Mediterráneo
Océano Atlántico

Regiones
Andalucía
Cataluña
País Vasco

Islas y grupos de islas
islas Baleares
islas Canarias
Mallorca

Ciudades
Altamira
Ávila
Barcelona
Bilbao
Córdoba
Jaén
Madrid
Segovia
Sevilla
Valencia

Zonas terrestres y montañas
Cordillera Cantábrica
Costa del Sol
Meseta Central
Montes Pirineos
Sierra Nevada

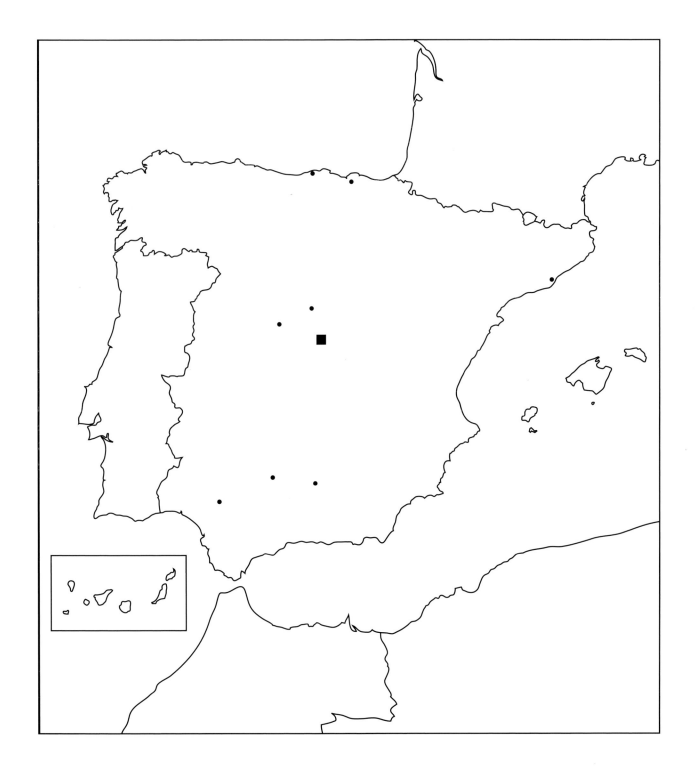

Índice